VICARIAT

DU

KIANG-SI ORIENTAL

ŒUVRES ET BESOINS DE CETTE MISSION

VICARIAT

DU

KIANG-SI ORIENTAL

ŒUVRES ET BESOINS DE CETTE MISSION

LE BON PASTEUR
Le Bon Pasteur rapportant sur ses épaules la brebis égarée.
Gravure du dix-septième siècle.

NOTICE

SUR LE

KIANG-SI ORIENTAL

Le Kiang-si oriental, mission très intéressante, et vicariat nouvellement créé depuis cinq ans, est, en étendue et en population, le tiers du Kiang-si, l'une des dix-huit provinces de la Chine. Mesurant au moins cent lieues du Nord au Sud, et quatre-vingt-dix de l'Est à l'Ouest, il représente un cinquième de toute la France. Sa population est d'environ dix millions d'habitants groupés autour du grand centre industriel de King-te-tcheng, où se fabrique la célèbre porcelaine chinoise.

Grâce à ce qui existait déjà sur son territoire

et aux bénédictions du ciel sur nous, les œuvres de ce vicariat se sont merveilleusement développées; nous n'avons que des actions de grâces à rendre à Dieu pour le passé, et à nous mettre en mesure de suivre l'appel de la Providence pour l'avenir.

Nous jouissons d'une grande et réelle liberté, n'ayant rencontré aucune difficulté grave et persévérante auprès des mandarins, dont plusieurs au contraire se montrent favorables.

Les missionnaires, qui ne forment avec le Vicaire apostolique qu'un cœur et qu'une âme, ont facilement supporté le climat et les fatigues, et le bon Dieu a daigné couronner toutes ces bénédictions en conservant en santé et en activité notre cher vétéran, M. Anot, qui a soixante-seize ans révolus d'âge, et quarante-huit de mission.

L'œuvre de la Sainte-Enfance et celle de la Propagation de la Foi sont prospères toutes deux. Comme deux sœurs, filles de la Charité éternelle, elles se trouvent toujours groupées l'une près de l'autre dans chacune de nos quatre grandes résidences qui servent de centre à l'action de nos missionnaires, dans les quatre vastes départements chinois qui forment le vicariat.

Chacune de ces résidences, comme centre de district, comprend, outre la demeure même des missionnaires, l'église principale, une école ou un collège de garçons, un catéchuménat pour les hommes, un asile de vieillards et parfois quelques lépreux.

Dans le voisinage, il y a des œuvres analogues pour les femmes : Sainte-Enfance pour les orphelines, école de filles, ouvroir, catéchuménat pour les femmes, hospitalité qui prend parfois le cachet de Bon Pasteur, et, surtout, hospice de vieilles femmes délaissées, ce qui édifie beaucoup les païens.

Voilà les œuvres distinctes, pour chaque sexe, groupées autour de chaque résidence. En les multipliant par quatre, d'après le nombre de nos districts ou départements, on aura une idée sommaire des charges et des besoins de la mission.

Il faut encore y ajouter nos résidences de sous-district, création plus récente et qui devient de plus en plus urgente, à mesure que la Providence sème la foi dans de nouvelles régions. Sur un total de vingt-cinq sous-préfectures, nous en comptons actuellement vingt-quatre où la foi a pénétré.

A ces œuvres il faut joindre nos deux séminaires et l'école préparatoire au petit séminaire, bien distincte de nos collèges de garçons. Je devrais mentionner ensuite les écoles et orphelinats semés dans les centres où la sécurité a permis de les établir. Mais où m'arrêterais-je s'il fallait énumérer toutes nos charges ?

Pour éviter la fatigue d'une correspondance à laquelle ma santé ne me permet pas de me livrer,

*

on m'a conseillé d'indiquer ici comment les âmes pieuses et les cœurs généreux peuvent venir à notre aide.

C'est d'abord par la prière : *Rogate Dominum messis*, « Priez le maître de la moisson. » Nous ne sommes entre ses mains que des instruments et des serviteurs inutiles. C'est lui qui doit faire l'œuvre, lui qui doit toucher et ouvrir les cœurs. L'Esprit de Dieu souffle où il veut.

Nous qui voyons chaque jour des âmes touchées par la grâce, nous ne doutons pas que les succès des missionnaires catholiques, si éclatants depuis la fondation de la Propagation de la Foi, ne soient dus aux prières des associés, tout autant qu'à leurs aumônes.

C'est ensuite par les aumônes. S'étonnera-t-on que le missionnaire jette toujours et partout le même cri ? Notre-Seigneur lui-même, pendant sa prédication sur la terre, a voulu vivre des offrandes des femmes pieuses, et il entre manifestement dans les vues de la Providence que les catholiques, favorisés du bienfait de la foi dès leur enfance, concourent et s'intéressent à la conversion des infidèles par quelque sacrifice de leurs biens temporels. C'est ainsi que toutes les personnes de dévouement peuvent, sans quitter leur foyer, témoigner à Dieu qu'elles estiment par-dessus tout le don de la foi, qu'elles désirent vivement que son règne arrive, et prouver aussi qu'elles aiment sincèrement leur prochain.

1° Les personnes qui voudraient entretenir un missionnaire pendant une année pourraient le faire par un don de 1 000 francs. Notre frugale nourriture nous coûte peu, mais nos voyages continuels pour la visite de nos chrétiens, dispersés sur une longueur de cent lieues, augmentent beaucoup nos frais.

Pour fonder cet entretien, 15 000 francs nous suffiraient.

2° Une pension de séminariste ne demande que 150 francs, et sa fondation 2 200 francs. Je tiens à remercier ici quelques-uns de mes bienfaiteurs, généreux anonymes entrés dans cette voie, qui nous garantit plus efficacement l'avenir.

3° Pour un enfant, garçon ou fille, à nos écoles ou catéchuménats, nous ne comptons que 50 francs par an, 750 francs pour une fondation. Deux années d'études au catéchuménat suffisent souvent pour une conversion solide. Quel bon moyen de remercier Dieu d'une bonne première communion que de procurer, à si peu de frais, le bienfait du baptême à une âme esclave du démon !

4° Pour entretenir une orpheline de la Sainte-Enfance, 40 francs par an nous suffisent, 600 francs pour une fondation, qui permettrait d'adopter une enfant de plus. Qu'on nous laisse faire remarquer : 1° que, depuis plusieurs années, nous avons dû refuser plusieurs enfants offerts et réduire de 2 000 à 1 500 le nombre de nos orphelines adoptées, cela faute de ressources ; 2° qu'une seule fondation assurerait le salut d'un grand nombre de ces chères petites âmes. C'est que beaucoup d'enfants apportées maladives meurent en bas âge et nous coûtent peu ; il y en a à peine une sur vingt qui arrive au mariage ; 3° qu'une orpheline souvent devient mère de famille, et que les résultats de la bonne œuvre se multiplient ainsi indéfiniment.

Enfin, on aiderait encore efficacement notre œuvre en fournissant le trousseau nécessaire à une orpheline pour son mariage : 100 francs environ.

5° Les païens sont fort édifiés de nos asiles de vieillards et de vieilles femmes délaissés. Nous avons presque toujours la consolation d'assurer à tous les moyens de salut par le bienfait du baptême, en même temps que nous leur donnons le pain matériel. Malheureusement nos modiques ressources ne nous permettent d'en recevoir que quelques-uns dans chaque district. Cependant, 50 francs par an suffisent, et 750 francs pour une fondation.

6° Deux de nos centres de district n'ont pas encore d'église, et trois nouveaux sous-districts n'ont pas de chapelle. Un fondateur, par un don de 10 000 francs pour une église et de 4 000 francs pour une chapelle, aurait droit à une plaque de marbre portant son nom et ces mots en chinois,

qui résument les bienfaits de notre œuvre : « Gloire
à Dieu dans les cieux et paix sur la terre aux
hommes de bonne volonté. »

7° Le bienheureux Jean-Gabriel Perboyre a sé-
journé quelque temps, il y a cinquante-cinq ans,
dans une des principales chrétientés de mon vicariat. Nos missionnaires et nos chrétiens sollicitent
la faveur d'ériger là une chapelle en son honneur.
Nous espérons que beaucoup de catholiques de
France, qui se sont réjouis des fêtes de la Béatifi-
cation, aimeront à contribuer à cette bonne œuvre.

8° A *Jao-tcheou-fou,* la ville la plus importante
de mon vicariat, nous avons commencé à acheter
les terrains nécessaires à un établissement de
filles de la Charité, le premier dans ma mission,
appelé à opérer un bien immense.

Vu la protection frappante dont le Sacré Cœur
et la Vierge Immaculée nous ont couverts en ces
négociations, j'espère pouvoir, dès mon retour,
jeter les fondements de cet établissement, qui
comprendra : 1° dispensaire ; 2° hôpital pour
hommes et femmes ; 3° école et ouvroir pour filles
chrétiennes ; 4° catéchuménat pour femmes ; 5° Bon
Pasteur pour pauvres femmes abandonnées ;
6° Sainte-Enfance, etc. La seule acquisition des
terrains coûtera au moins 30 000 francs.

Telles sont nos premières nécessités et aussi les
principaux moyens d'y subvenir. Pressé par un
besoin urgent, et convaincu d'ailleurs que bien

des âmes généreuses ne demandent qu'à le connaître pour le soulager efficacement, j'ose livrer ces lignes à l'impression. Nous accepterons avec pareille gratitude le petit sou du pauvre et les pièces d'or de la classe aisée.

Notre reconnaissance sera sans mesure, mais la récompense promise à ceux qui concourent au rachat des âmes sera encore plus consolante et assurée.

† CASIMIR VIC, c. m.

Vicaire apostolique du Kiang-si oriental, en Chine.

Prière d'adresser les aumônes

à Mgr Vic, vicaire apostolique du Kiang-si oriental.

Rue de Sèvres, 95, à Paris.

La Charité, fresque de Giotto, à Padoue.

La Charité élève son cœur vers Dieu qui le prend des deux mains,
tandis que des trésors répandus à ses pieds témoignent de son empressement
à secourir le prochain.

118

PARIS

IMPRIMERIE D. DUMOULIN ET Cie

5, rue des Grands-Augustins, 5